2학년 1학기
급수표

받아쓰기

스쿨존에듀
SCHOOLZONE

2학년 1학기 급수표 받아쓰기

ISBN 979-11-92878-10-2 63710

초판 1쇄 펴낸날 2023년 4월 20일

펴낸이 정혜옥 ∥ 기획 컨텐츠연구소 수(秀)
표지디자인 **twoesdesign.com** ∥ 내지디자인 이지숙
마케팅 최문섭 ∥ 편집 연유나, 이은정

펴낸곳 스쿨존에듀
출판등록 2021년 3월 4일 제 2021-000013호
주소 04779 서울시 성동구 뚝섬로 1나길 5(헤이그라운드) 7층
전화 02)929-8153 ∥ 팩스 02)929-8164
E-mail **goodinfobooks@naver.com**

초등학교 입학 후 첫 도전, 받아쓰기 시험

받아쓰기 급수표! 정답 다 알려주고 치르는 시험이지만 아이도 엄마도 여간 떨리는 게 아닙니다. 첫 시험이니까요. 어떻게 공부하면 받아쓰기 시험에서 만점을 받을 수 있을까요? 점수 자체가 중요해서라기보다 태어나 처음 치르는 학교시험이라는 점에서 높은 점수는 아이의 자존감을 살리고 학교생활에 자신감을 불어넣어 줍니다. 그러니 이왕 치르는 시험, 잘 준비하여 좋은 점수 받으면 좋겠지요? 집에서 조금만 신경을 써 줘도 큰 효과를 볼 수 있습니다.

학교에서 받아쓰기 급수표를 나누어주는 이유가 무엇인지 생각해 보아요. 집에서 연습하고 오라는 뜻입니다. 그렇다면 이 급수표를 어떻게 활용하면 좋을까요? 제대로 익히는 과정 없이 곧바로 불러주면 아이에게 부담줄 수 있으니 단계적으로 연습시켜야 해요. <2학년 1학기 급수표 받아쓰기>는 학교에서 나눠주는 '급수표'에 초점을 맞추어 숙련된 엄마표 방식을 덧붙였습니다. 이런 방식으로 시켜 보니 아이도 재밌어하고 받아쓰기 시험도 만만해졌답니다.

교과과정의 시스템을 따라가며 집에서 보완하는 공부가 진정한 엄마표 홈스쿨링의 목표인 만큼 아이들이 적극적으로 참여하도록 재미있는 놀이터와 소리내어 읽기, 따라쓰기를 반복하면서 철자가 자연스럽게 몸에 밸 수 있도록 구성하였습니다.

일러두기

- 각 학기별 초등 국어 교과서가 바탕입니다.
- <큰소리로 읽고> <여러 번 쓰고> <연습시험을 보는> 기본 3단 형태
- 전국 초등학교의 받아쓰기 급수표 참조, 가장 자주 나오는 유형을 모았어요.
- 가장 많이 사용하는 15급 기준! 단원별로 주 1회 받아쓰기를 대비해요.
- 읽기 4번, 쓰기 3번을 권하지만 무리하지는 마세요. 재밌고 쉽게 하는 게 원칙이에요.
- 학교별로, 선생님별로 받아쓰기를 보지 않거나 줄여서 보는 경우도 있어요. 단원 제목을 기준으로 찾아보세요.
- 칭찬은 많이, 구체적으로! 칭찬은 없던 자신감도 생기게 해요.

맞춤법 공부는 이렇게 해요~ 스르륵스르륵!

"한글 맞춤법은 표준어를 소리 나는 대로 적되, 어법에 맞게 함을 원칙으로 한다." (한글맞춤법 총칙 제1항)

받아쓰기와 맞춤법 공부는 떼놓을 수 없는 단짝이지요. 힘겹게 연필을 쥐고, 더듬더듬 읽고, 자기도 알아볼 수 없는 글자를 쓰는 어린 아이들에게 맞춤법까지 잘하라 하기에는 너무 가혹합니다. 소리와 다른 철자, 아무리 외워도 헷갈리는 띄어쓰기, 요상하게 생긴 문장부호 등은 외우는 데도 한계가 있습니다. 아이들이 틀린다고 나무라지 마세요. 자꾸 반복해 읽고, 보고, 들으며 공부하는 수밖에 없습니다.

우리말에는 소리와 생김새가 같은 말도 있지만, '국어'(구거)처럼 소리와 생김새가 다른 말도 많고, '내' / '네'처럼 소리는 같지만 뜻이 다른 경우들도 많이 있습니다. 아래 표 속의 어휘들이 그런 예입니다. 부모님들이 읽고 설명해 주세요.

【받침이 넘어가서 소리나는 경우】	【서로 닮아가며 소리나는 경우】
꽃이 ➡ 꼬치	공룡 ➡ 공뇽
꽃놀이 ➡ 꼰노리	설날 ➡ 설랄
꽃다발 ➡ 꼳따발	앞마당 ➡ 암마당
악어 ➡ 아거	앞머리 ➡ 암머리
어린이 ➡ 어리니	국물 ➡ 궁물
지갑에 ➡ 지가베	
웃어요 ➡ 우서요	
【받침이 2개인 경우】	【글자와 다르게 소리나는 경우】
많다 ➡ 만타	손등 ➡ 손뜽
맑다 ➡ 막따	눈사람 ➡ 눈싸람
여덟 ➡ 여덜	해돋이 ➡ 해도지
앓다 ➡ 알타	같이 ➡ 가치
밝았다 ➡ 발갇따	묻히다 ➡ 무치다
넓어서 ➡ 널버서	등받이 ➡ 등바지
끓여서 ➡ 끄려서	

아래 표는 소리도 생긴 것도 비슷하지만 다르게 쓰는 사례예요. 어쩔 수 없이 외워야 하죠. 그렇다고 무조건 외울 수는 없습니다. 자주 보고 읽다 보면 문장 속에서 어떻게 쓰이는지 자연스럽게 익히게 된답니다. 헷갈리기 쉬운 말, 사이시옷이 들어가는 낱말 등도 계속 읽고 쓰며 반복하다 보면 익혀지니 겁먹지 마세요.

발음이 비슷하지만 뜻은 다른 말	낳다/낫다/낮다 짓다/짖다 짚다/집다 맡다/맞다 섞다/썩다 갖다/같다/갔다
모양이 비슷해서 헷갈리는 말	왠-/웬- 며칠/몇일(×) 알맞은/알맞는(×) 윗-/웃- 없다/업다/엎다
사이시옷이 들어가는 낱말	나뭇잎/냇가/바닷가/노랫말/등굣길/하굣길/빗소리
쉽게 틀리는 낱말	육개장/떡볶이/찌개/희한하다/얘들아/얘기
자주 헷갈리는 낱말	비로소(비로서×)/아무튼(아뭏든×) /덥석(덥썩×)

컨텐츠연구소 수(秀)

순서에 맞게 자음자, 모음자 쓰기

자음자, 모음자를 읽으며 바르게 써 보세요.

ㄱ	ㄱ	ㄱ	ㄱ
ㄴ	ㄴ	ㄴ	ㄴ
ㄷ	ㄷ	ㄷ	ㄷ
ㄹ	ㄹ	ㄹ	ㄹ
ㅁ	ㅁ	ㅁ	ㅁ
ㅂ	ㅂ	ㅂ	ㅂ
ㅅ	ㅅ	ㅅ	ㅅ
ㅇ	ㅇ	ㅇ	ㅇ
ㅈ	ㅈ	ㅈ	ㅈ
ㅊ	ㅊ	ㅊ	ㅊ
ㅋ	ㅋ	ㅋ	ㅋ
ㅌ	ㅌ	ㅌ	ㅌ

ㅍ	ㅍ	ㅍ	ㅍ
ㅎ	ㅎ	ㅎ	ㅎ
ㅏ	ㅏ	ㅏ	ㅏ
ㅑ	ㅑ	ㅑ	ㅑ
ㅓ	ㅓ	ㅓ	ㅓ
ㅕ	ㅕ	ㅕ	ㅕ
ㅗ	ㅗ	ㅗ	ㅗ
ㅛ	ㅛ	ㅛ	ㅛ
ㅜ	ㅜ	ㅜ	ㅜ
ㅠ	ㅠ	ㅠ	ㅠ
ㅡ	ㅡ	ㅡ	ㅡ
ㅣ	ㅣ	ㅣ	ㅣ

자음과 모음을 연결해 읽으며 바르게 써 보세요.

	ㅏ	ㅑ	ㅓ	ㅕ	ㅗ	ㅛ	ㅜ	ㅠ	ㅡ	ㅣ
ㄱ	가	갸	거	겨	고	교	구	규	그	기
ㄴ	나	냐	너	녀	노	뇨	누	뉴	느	니
ㄷ	다	댜	더	뎌	도	됴	두	듀	드	디
ㄹ	라	랴	러	려	로	료	루	류	르	리
ㅁ	마	먀	머	며	모	묘	무	뮤	므	미
ㅂ	바	뱌	버	벼	보	뵤	부	뷰	브	비
ㅅ	사	샤	서	셔	소	쇼	수	슈	스	시
ㅇ	아	야	어	여	오	요	우	유	으	이
ㅈ	자	쟈	저	져	조	죠	주	쥬	즈	지
ㅊ	차	챠	처	쳐	초	쵸	추	츄	츠	치
ㅋ	카	캬	커	켜	코	쿄	쿠	큐	크	키
ㅌ	타	탸	터	텨	토	툐	투	튜	트	티
ㅍ	파	퍄	퍼	펴	포	표	푸	퓨	프	피
ㅎ	하	햐	허	혀	호	효	후	휴	흐	히

2학년 1학기 받아쓰기 급수표

(1급) 1단원 시를 즐겨요

① 아래 발치에서 코올코올
② 부뚜막에서 가릉가릉
③ 다시 노나 봐라.
④ 한 발짝 두 발짝
⑤ 왜 안 부르지?
⑥ 풀밭을 걸을 땐
⑦ 뒤꿈치로 걸어도
⑧ 풀꽃에게 미안해
⑨ 양말을 벗겨 드렸다.
⑩ 콧속에서 울부짖고 있다.

(2급) 2단원 자신 있게 말해요

① 발표할 차례예요.
② 숨이 컥컥 막히고
③ 새하얘졌어요.
④ 눈앞이 캄캄했어요.
⑤ 큰 소동이 벌어졌어요.
⑥ 넓은 찻길이
⑦ 길이 끊겨 버렸어요.
⑧ 부럽다는 눈초리로
⑨ 머리를 휘휘 저으며
⑩ 고민에 빠졌어요.

(3급) 3단원 마음을 나누어요

① 기분이 어떠니?
② 간지럼을 태우면
③ 아마 행복할 거야.
④ 상을 타 온 우리 언니
⑤ 선물받았을 때처럼
⑥ 어쩌면 질투가 날지도 몰라.
⑦ 길을 잃어버렸을 때처럼
⑧ 슬플 거야.
⑨ 두려울지도 몰라.
⑩ 땅에 떨어뜨렸을 때

(4급) 3단원 마음을 나누어요

① 이름 짓는 걸
② 깜빡한 게 떠올랐어요.
③ 힘들진 않았니?
④ 혼자라서 가끔 외롭거든.
⑤ 비밀을 털어놓을 수
⑥ 하루 종일 쥐어짰는데
⑦ 웃으며 맞장구를 쳤어요.
⑧ 숨이 가쁜 것 같기도
⑨ 내 생각이 뽑히니까
⑩ 와, 제법 기발한데?

(5급) 4단원 말놀이를 해요

① 쑥쑥 뽑아 쑥 나물
② 꼬불꼬불 고사리
③ 콩이 콩콩 뛰어서
④ 과일 가게에 가면
⑤ 작은 것은 아기
⑥ 곰 인형은 포근해
⑦ 말 덧붙이기 놀이
⑧ 미끄럼틀이 높다.
⑨ 토끼풀잎 셋
⑩ 다섯을 셀 때까지

(6급) 5단원 낱말을 바르게 정확하게 써요

① 의자에 반듯이 앉아
② 뜨거운 국은 식혀서
③ 책 읽기를 다 마칠 때까지
④ 비슷해서 헷갈렸어.
⑤ 이따가 놀이터에서 만나.
⑥ 오누이는 다치지 않고
⑦ 빙그레 웃으시더니
⑧ 정말 호랑이 같다.
⑨ 칭찬딱지를 붙여 주셨다.
⑩ 갔다 온 것 같아.

(7급) 6단원 차례대로 말해요

① 하루 동안 있었던 일을
② 궁전 밖으로
③ 펄쩍펄쩍 뛴 까닭은
④ 이튿날 아침
⑤ 기름 장수도 삼켰습니다.
⑥ 어스름한 저녁에
⑦ 몸짓을 하거나
⑧ 겪을 일을 차례대로
⑨ 눈에 잘 띄는 것
⑩ 영 못마땅했습니다.

(8급) 7단원 친구들에게 알려요

① 내 실내화가 없어.
② 분명히 여기에 뒀는데
③ 모자를 잃어버렸어.
④ 옛날 집 안의 모습
⑤ 혹시 보면 찾아 줘.
⑥ 볼록하게 튀어나와
⑦ 많이 다릅니다.
⑧ 작은 네모 상자
⑨ 집으로 가는 길에
⑩ 박물관에 갔거든

(9급) 7단원 친구들에게 알려요

1. 듣고 싶은 방송을 들을 수
2. 구름이 없는 화창한 날
3. 알 수 있나요?
4. 위쪽이 좁은
5. 떨어진 고깃덩이를
6. 전화를 걸 때 사용합니다.
7. 개가 짖기를 시작하자
8. 풍덩 빠지고 말았어요.
9. 내 몸에 맞게
10. 까닭이 잘 드러나게

(10급) 8단원 마음을 짐작해요

1. 우연히 만났어요.
2. 뒤뜰에 있는 텃밭에
3. 발에 밟히는 걸 보니
4. 나를 빤히 보며 되물었다.
5. 신발이 벗겨진 것이다.
6. 멋쩍게 웃었다.
7. 고개를 끄덕이셨다.
8. 균형을 잡으려고 애썼지만
9. 손뼉을 마주쳤다.
10. 오랜만에 날씨가

(11급) 9단원 생각을 생생하게 나타내요

1. 굵은 빗방울이 후드득
2. 비가 주룩주룩
3. 단단한 껍데기로 덮여
4. 얇은 속 날개가 있지요.
5. 먼저 눈에 띄는 것은
6. 큰턱을 맞대고 밀어붙여요.
7. 나뭇진을 핥아 먹어요.
8. 번쩍 들어 올리면
9. 관심이 생겼나요?
10. 자신을 드러내어 보이거나

(12급) 9단원 생각을 생생하게 나타내요

1. 밤 늦게 올 때까지
2. 참 따뜻한 손이에요!
3. 어느새 깜깜한 밤인데
4. 엄마 등에 업혀
5. 통째로 준 거였대요.
6. 소매가 나달나달하던데
7. 하얗고 작은 집
8. 커다랗고 따뜻한 손
9. 코가 납작해지도록
10. 기구 값이 엄청나거든.

(13급) 10단원 다른 사람을 생각해요

1. 정말 게으르구나!
2. 눈살을 찌푸리잖니?
3. 세상을 비추느라 힘들었지?
4. 밤길을 잘 다닐 수
5. 민지가 찬 공과 부딪쳤다.
6. 함께 오느라고 늦었어.
7. 울음을 터뜨릴 것 같았던
8. 무릎이 너무 아팠고
9. 잠깐 말을 멈추었다.
10. 흙을 털고 일어나

(14급) 11단원 상상의 날개를 펴요

1. 딸기를 워낙 좋아해서
2. 높이높이 쌓아야 할 정도가
3. 어쩌면 저렇게 자기 생각만
4. 와자지껄한 웃음소리가
5. 창밖을 내다보니
6. 독을 빼앗긴 채 털레털레
7. 시무룩해졌습니다.
8. 손수레에 싣고 밖으로
9. 큰솥을 가득 채운
10. 얼떨결에 수박을 받아

(15급) 11단원 상상의 날개를 펴요

1. 동물들은 바닥에 앉혔어요.
2. 무슨 꿈을 꾸는지
3. 실을 붙들어 맸어요.
4. 컹컹 울부짖었어요.
5. 마침내 이가 쑥 뽑혀 나와
6. 선생님이 호되게 말했어요.
7. 몇 분 동안 그대로
8. 딱 질색이었거든요.
9. 이가 단단히 들러붙어서
10. 꼼짝도 하지 않았어요!

큰소리로 또박또박 읽어 보세요.

★ 1급 1단원 **시를 즐겨요**

❶	아래	발치에서	코올코올
❷	부뚜막에서	가릉가릉	
❸	다시	노나	봐라.
❹	한	발짝	두 발짝
❺	왜	안	부르지?
❻	풀밭을	걸을	땐
❼	뒤꿈치로	걸어도	
❽	풀꽃에게	미안해	
❾	양말을	벗겨	드렸다.
❿	콧속에서	울부짖고	있다.

읽었어요!			
①	②	③	④

공부한 날 _____월 _____일

11

바른 자세로 하나하나 따라 써 보세요.

아래 발치에서 코올코

올

부뚜막에서 가릉가릉

다시 노나 봐라.

한 발짝 두 발짝

왜 안 부르지?

풀밭을 걸을 땐

뒤꿈치로 걸어도

풀꽃에게 미안해

양말을 벗겨 드렸다.

콧	속	에	서		울	부	짖	고		있
콧	속	에	서		울	부	짖	고		있
다	.									
다	.									

칭찬해 주세요!		
잘했어요	훌륭해요	최고예요

1급

불러 주는 문장을 듣고 연습한 내용을 떠올리며
써 보세요.

⑩	⑨	⑧	⑦	⑥	⑤	④	③	②	①

칭찬해 주세요!

잘했어요	훌륭해요	최고예요

돌려서 사용해요!

★ 2급 2단원 자신 있게 말해요

1. 발표할 차례예요.
2. 숨이 컥컥 막히고
3. 새하얘졌어요.
4. 눈앞이 캄캄했어요.
5. 큰 소동이 벌어졌어요.
6. 넓은 찻길이
7. 길이 끊겨 버렸어요.
8. 부럽다는 눈초리로
9. 머리를 휘휘 저으며
10. 고민에 빠졌어요.

읽었어요!

①	②	③	④

공부한 날 _____ 월 _____ 일

17

바른 자세로 하나하나 따라 써 보세요.

발표할 차례예요.

숨이 컥컥 막히고

새하애졌어요.

눈앞이 캄캄했어요.

큰 소동이 벌어졌어요.

넓은 찻길이

넓은 찻길이

길이 끊겨 버렸어요.

길이 끊겨 버렸어요

부럽다는 눈초리로

부럽다는 눈초리로

머리를 휘휘 저으며

머리를 휘휘 저으며

고민에 빠졌어요.

고민에 빠졌어요.

놀이터

동물농장 친구들이 웃고 있어요. 두 그림이 다른 곳을
찾아보아요.

● 정답

칭찬해 주세요!		
잘했어요	훌륭해요	최고예요

불러 주는 문장을 듣고 연습한 내용을 떠올리며
써 보세요.

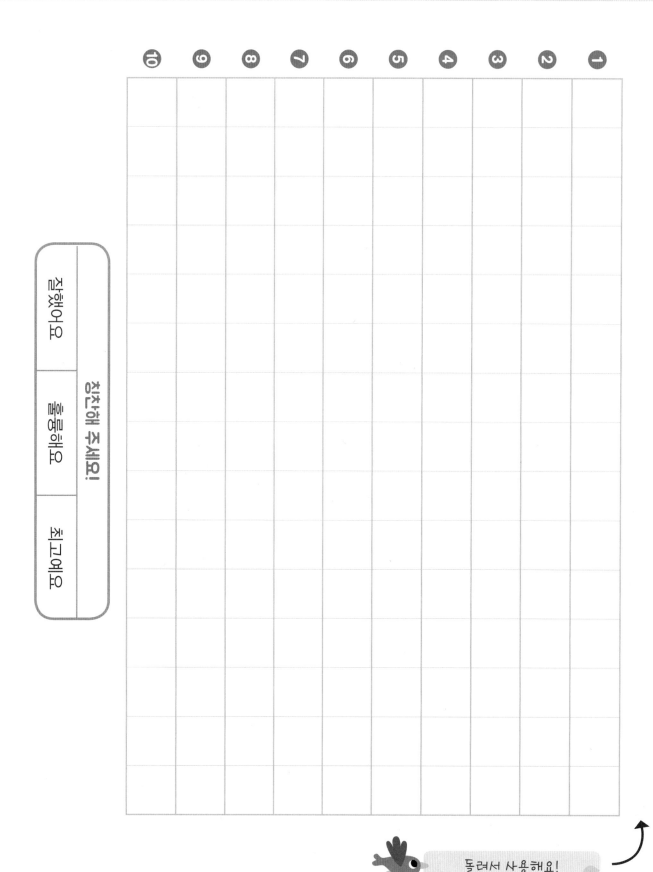

⑩	⑨	⑧	⑦	⑥	⑤	④	③	②	①

칭찬해 주세요!

잘했어요	훌륭해요	최고예요

돌려서 사용해요!

★ **3급** **3단원** **마음을 나누어요**

1. 기분이 어떠니?
2. 간지럼을 태우면
3. 아마 행복할 거야.
4. 상을 타 온 우리 언니
5. 선물받았을 때처럼
6. 어쩌면 질투가 날지도 몰라.
7. 길을 잃어버렸을 때처럼
8. 슬플 거야.
9. 두려울지도 몰라.
10. 땅에 떨어뜨렸을 때

읽었어요!

| ① | ② | ③ | ④ |

공부한 날 _____월 _____일

바른 자세로 하나하나 따라 써 보세요.

기분이 어떠니?

기분이 어떠니?

간지럼을 태우면

간지럼을 태우면

아마 행복할 거야.

아마 행복할 거야.

상을 타 온 우리 언

상을 타 온 우리 언

니

니

선물받았을 때처럼

어쩌면 질투가 날지도

몰라.

길을 잃어버렸을 때처

럼

슬플 거야.

슬플 거야.

두려울지도 몰라.

두려울지도 몰라.

땅에 떨어뜨렸을 때

땅에 떨어뜨렸을 때

칭찬해 주세요!		
잘했어요	훌륭해요	최고예요

불러 주는 문장을 듣고 연습한 내용을 떠올리며 써 보세요.

⑩ ⑨ ⑧ ⑦ ⑥ ⑤ ④ ③ ② ①

칭찬해 주세요!

잘했어요　　노력해요　　최고예요

돌려서 사용해요!

★ 4급 3단원 마음을 나누어요

1. 이름 짓는 걸
2. 깜빡한 게 떠올랐어요.
3. 힘들진 않았니?
4. 혼자라서 가끔 외롭거든.
5. 비밀을 털어놓을 수
6. 하루 종일 쥐어짰는데
7. 웃으며 맞장구를 쳤어요.
8. 숨이 가쁜 것 같기도
9. 내 생각이 뽑히니까
10. 와, 제법 기발한데?

읽었어요!

| ① | ② | ③ | ④ |

공부한 날 _____ 월 _____ 일

29

바른 자세로 하나하나 따라 써 보세요.

이름 짓는 걸

이름 짓는 걸

깜빡한 게 떠올랐어요.

깜빡한 게 떠올랐어요.

힘들진 않았니?

힘들진 않았니?

혼자라서 가끔 외롭거

혼자라서 가끔 외롭거

든.

든.

비밀을 털어놓을 수

하루 종일 쥐어짰는데

웃으며 맞장구를 쳤어

요.

숨이 가쁜 것 같기도

내 생각이 뽑히니까

와, 제법 기발한데?

칭찬해 주세요!		
잘했어요	훌륭해요	최고예요

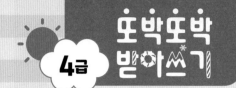

4급

불러 주는 문장을 듣고 연습한 내용을 떠올리며
써 보세요.

⑩	⑨	⑧	⑦	⑥	⑤	④	③	②	①

칭찬해 주세요!

잘했어요	훌륭해요	최고예요

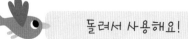
돌려서 사용해요!

★ 5급 4단원 말놀이를 해요

①	쑥쑥 뽑아 쑥 나물
②	꼬불꼬불 고사리
③	콩이 콩콩 튀어서
④	과일 가게에 가면
⑤	작은 것은 아기
⑥	곰 인형은 포근해
⑦	말 덧붙이기 놀이
⑧	미끄럼틀이 높다.
⑨	토끼풀잎 셋
⑩	다섯을 셀 때까지

읽었어요!

| ① | ② | ③ | ④ |

공부한 날 _____월 _____일

쑥쑥 뽑아 쑥 나물

꼬불꼬불 고사리

콩이 콩콩 튀어서

과일 가게에 가면

작은 것은 아기

곰 인형은 포근해

말 덧붙이기 놀이

미끄럼틀이 높다.

토끼풀잎 셋

다섯을 셀 때까지

애벌레가 사과 속에서 나올 수 있게 길을 찾아주세요.

칭찬해 주세요!		
잘했어요	훌륭해요	최고예요

불러 주는 문장을 듣고 연습한 내용을 떠올리며
써 보세요.

⑩ ⑨ ⑧ ⑦ ⑥ ⑤ ④ ③ ② ①

칭찬해 주세요!

| 잘했어요 | 훌륭해요 | 최고예요 |

돌려서 사용해요!

★ 6급 5단원 낱말을 바르고 정확하게 써요

1. 의자에 반듯이 앉아
2. 뜨거운 국은 식혀서
3. 책 읽기를 다 마칠 때까지
4. 비슷해서 헷갈렸어.
5. 이따가 놀이터에서 만나.
6. 오누이는 다치지 않고
7. 빙그레 웃으시더니
8. 정말 호랑이 같다.
9. 칭찬딱지를 붙여 주셨다.
10. 갔다 온 것 같아.

읽었어요!

①	②	③	④

공부한 날 _____ 월 _____ 일

바르게 따라쓰기

바른 자세로 하나하나 따라 써 보세요.

의자에 반듯이 앉아

뜨거운 국은 식혀서

책 읽기를 다 마칠

때까지

비슷해서 헷갈렸어.

이따가 놀이터에서 만

나 .

오누이는 다치지 않고

빙그레 웃으시더니

정말 호랑이 같다 .

칭찬딱지를 붙여 주셨

다.

갔다 온 것 같아.

잘 듣고 받아쓰기

불러 주는 문장을 듣고 연습한 내용을 떠올리며 써 보세요.

칭찬해 주세요!		
잘했어요	훌륭해요	최고예요

6급

또박또박 받아쓰기

불러 주는 문장을 듣고 연습한 내용을 떠올리며 써 보세요.

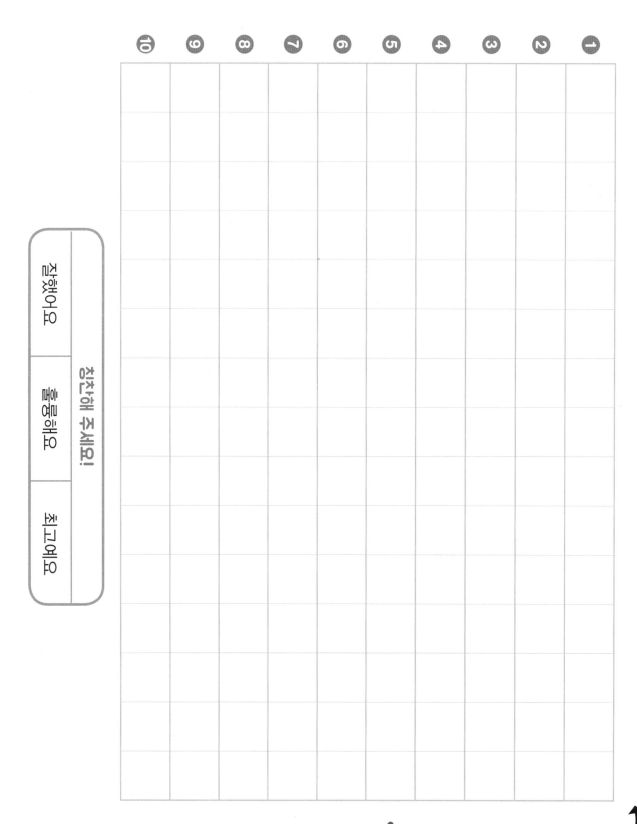

⑩	⑨	⑧	⑦	⑥	⑤	④	③	②	①

칭찬해 주세요!

잘했어요 / 훌륭해요 / 최고예요

돌려서 사용해요!

큰소리로 또박또박 읽어 보세요.

★ 7급 6단원 차례대로 말해요

① 하루 동안 있었던 일을
② 궁전 밖으로
③ 펄쩍펄쩍 뛴 까닭은
④ 이튿날 아침
⑤ 기름 장수도 삼켰습니다.
⑥ 어스름한 저녁에
⑦ 몸짓을 하거나
⑧ 겪을 일을 차례대로
⑨ 눈에 잘 띄는 것
⑩ 영 못마땅했습니다.

읽었어요!

①	②	③	④

공부한 날 _____ 월 _____ 일

바른 자세로 하나하나 따라 써 보세요.

하	루		동	안		있	었	던		일
하	루		동	안		있	었	던		일
을										
을										
궁	전		밖	으	로					
궁	전		밖	으	로					
펄	쩍	펄	쩍		뛴		까	닭	은	
펄	쩍	펄	쩍		뛴		까	닭	은	
이	튿	날		아	침					
이	튿	날		아	침					

기름 장수도 삼켰습니
다.

어스름한 저녁에

몸짓을 하거나

겪을 일을 차례대로

눈에 잘 띄는 것

영 못마땅했습니다.

칭찬해 주세요!		
잘했어요	훌륭해요	최고예요

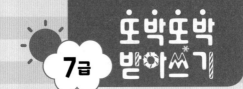

7급

불러 주는 문장을 듣고 연습한 내용을 떠올리며
써 보세요.

⑩	⑨	⑧	⑦	⑥	⑤	④	③	②	①

칭찬해 주세요!

잘했어요	훌륭해요	최고예요

돌려서 사용해요!

★ 8급 7단원 친구들에게 알려요

① 내 실내화가 없어.
② 분명히 여기에 뒀는데
③ 모자를 잃어버렸어.
④ 옛날 집 안의 모습
⑤ 혹시 보면 찾아 줘.
⑥ 볼록하게 튀어나와
⑦ 많이 다릅니다.
⑧ 작은 네모 상자
⑨ 집으로 가는 길에
⑩ 박물관에 갔거든

읽었어요!			
①	②	③	④

공부한 날 _____월 _____일

내 실내화가 없어.

분명히 여기에 뒀는데

모자를 잃어버렸어.

옛날 집 안의 모습

혹시 보면 찾아 줘.

볼록하게 튀어나와

많이 다릅니다.

작은 네모 상자

집으로 가는 길에

박물관에 갔거든

숨은 그림을 찾아보아요.

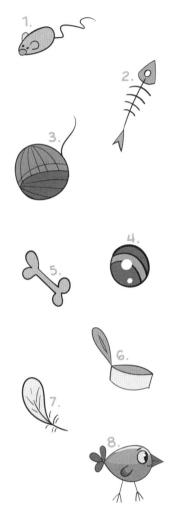

1.
2.
3.
4.
5.
6.
7.
8.

● 정답

칭찬해 주세요!		
잘했어요	훌륭해요	최고예요

불러 주는 문장을 듣고 연습한 내용을 떠올리며 써 보세요.

⑩	⑨	⑧	⑦	⑥	⑤	④	③	②	①

칭찬해 주세요!

잘했어요	훌륭해요	최고예요

돌려서 사용해요!

★ **9급** 7단원 친구들에게 알려요

1. 듣고 싶은 방송을 들을 수
2. 구름이 없는 화창한 날
3. 알 수 있나요?
4. 위쪽이 좁은
5. 떨어진 고깃덩이를
6. 전화를 걸 때 사용합니다.
7. 개가 짖기를 시작하자
8. 풍덩 빠지고 말았어요.
9. 내 몸에 맞게
10. 까닭이 잘 드러나게

읽었어요!

| ① | ② | ③ | ④ |

공부한 날 _____ 월 _____ 일

바르게
따라쓰기

바른 자세로 하나하나 따라 써 보세요.

듣고 싶은 방송을 들

듣고 싶은 방송을 들

을 수

을 수

구름이 없는 화창한

구름이 없는 화창한

날

날

알 수 있나요?

알 수 있나요?

위쪽이 좁은

떨어진 고깃덩이를

전화를 걸 때 사용합

니다.

개가 짖기를 시작하자

풍덩 빠지고 말았어요.

내 몸에 맞게

까닭이 잘 드러나게

칭찬해 주세요!		
잘했어요	훌륭해요	최고예요

불러 주는 문장을 듣고 연습한 내용을 떠올리며
써 보세요.

⑩	⑨	⑧	⑦	⑥	⑤	④	③	②	①

칭찬해 주세요!

잘했어요	훌륭해요	최고예요

돌려서 사용해요!

★ 10급 8단원 마음을 짐작해요

1. 우연히 만났어요.
2. 뒤뜰에 있는 텃밭에
3. 발에 밟히는 걸 보니
4. 나를 빤히 보며 되물었다.
5. 신발이 벗겨진 것이다.
6. 멋쩍게 웃었다.
7. 고개를 끄덕이셨다.
8. 균형을 잡으려고 애썼지만
9. 손뼉을 마주쳤다.
10. 오랜만에 날씨가

읽었어요!

①	②	③	④

공부한 날 _____ 월 _____ 일

바른 자세로 하나하나 따라 써 보세요.

우연히 만났어요.

우연히 만났어요.

뒤뜰에 있는 텃밭에

뒤뜰에 있는 텃밭에

발에 밟히는 걸 보니

발에 밟히는 걸 보니

나를 빤히 보며 되물

나를 빤히 보며 되물

었다.

었다.

신발이 벗겨진 것이다.

멋쩍게 웃었다.

고개를 끄덕이셨다.

균형을 잡으려고 애썼

지만

손뼉을　마주쳤다.

오랜만에　날씨가

칭찬해 주세요!		
잘했어요	훌륭해요	최고예요

불러 주는 문장을 듣고 연습한 내용을 떠올리며
써 보세요.

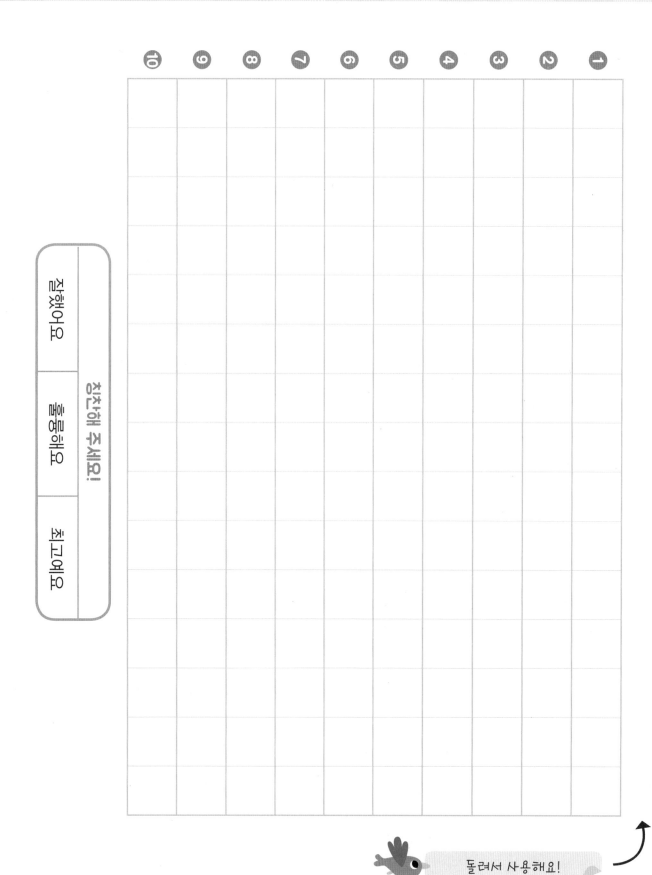

⑩ ⑨ ⑧ ⑦ ⑥ ⑤ ④ ③ ② ①

칭찬해 주세요!

잘했어요 | 훌륭해요 | 최고예요

돌려서 사용해요!

70

★ 11급 9단원 생각을 생생하게 나타내요

① 굵은　빗방울이　후드득
② 비가　주룩주룩
③ 단단한　껍데기로　덮여
④ 얇은　속　날개가　있지요.
⑤ 먼저　눈에　띄는　것은
⑥ 큰턱을　맞대고　밀어붙여요.
⑦ 나뭇진을　핥아　먹어요.
⑧ 번쩍　들어　올리면
⑨ 관심이　생겼나요?
⑩ 자신을　드러내어　보이거나

읽었어요!

①	②	③	④

공부한 날 _____ 월 _____ 일

굵은 빗방울이 후드득

비가 주룩주룩

단단한 껍데기로 덮여

얇은 속 날개가 있지

요.

72

먼저 눈에 띄는 것은

큰 턱을 맞대고 밀어붙

여요.

나뭇진을 핥아 먹어요.

번쩍 들어 올리면

관심이 생겼나요?

관심이 생겼나요?

자신을 드러내어 보이

자신을 드러내어 보이

거나

거나

칭찬해 주세요!		
잘했어요	훌륭해요	최고예요

불러 주는 문장을 듣고 연습한 내용을 떠올리며
써 보세요.

⑩	⑨	⑧	⑦	⑥	⑤	④	③	②	①

칭찬해 주세요!

잘했어요	훌륭해요	최고예요

돌려서 사용해요!

★ **12급** **9단원** 생각을 생생하게 나타내요

❶	밤 늦게 올 때까지	
❷	참 따뜻한 손이에요!	
❸	어느새 깜깜한 밤인데	
❹	엄마 등에 업혀	
❺	통째로 준 거였대요.	
❻	소매가 나달나달하던데	
❼	하얗고 작은 집	
❽	커다랗고 따뜻한 손	
❾	코가 납작해지도록	
❿	기구 값이 엄청나거든.	

읽었어요!

①	②	③	④

공부한 날 _____월 _____일

밤 늦게 올 때 까지

밤 늦게 올 때 까지

참 따뜻한 손이에요 !

참 따뜻한 손이에요 !

어느새 깜깜한 밤인데

어느새 깜깜한 밤인데

엄마 등에 업혀

엄마 등에 업혀

통째로 준 거였대요 .

통째로 준 거였대요 .

78

소매가　나달나달하던데

하얗고　작은　집

커다랗고　따뜻한　손

코가　납작해지도록

기구　값이　엄청나거든.

놀이터

동물 친구들이 모두 모였어요. 두 그림에서 다른 곳을
찾아보아요.

● 정답

칭찬해 주세요!		
잘했어요	훌륭해요	최고예요

불러 주는 문장을 듣고 연습한 내용을 떠올리며
써 보세요.

⑩	⑨	⑧	⑦	⑥	⑤	④	③	②	①

칭찬해 주세요!

잘했어요	훌륭해요	최고예요

돌려서 사용해요!

★ 13급 10단원 다른 사람을 생각해요

1. 정말 게으르구나!
2. 눈살을 찌푸리잖니?
3. 세상을 비추느라 힘들었지?
4. 밤길을 잘 다닐 수
5. 민지가 찬 공과 부딪쳤다.
6. 함께 오느라고 늦었어.
7. 울음을 터뜨릴 것 같았던
8. 무릎이 너무 아팠고
9. 잠깐 말을 멈추었다.
10. 흙을 털고 일어나

읽었어요!

| ① | ② | ③ | ④ |

공부한 날 _____ 월 _____ 일

83

바른 자세로 하나하나 따라 써 보세요.

정말 게으르구나!

정말 게으르구나!

눈살을 찌푸리잖니?

눈살을 찌푸리잖니?

세상을 비추느라 힘들

세상을 비추느라 힘들

었지?

었지?

밤길을 잘 다닐 수

밤길을 잘 다닐 수

84

민지가 찬 공과 부딪

쳤다.

함께 오느라고 늦었어.

울음을 터뜨릴 것 같

았던

무릎이 너무 아팠고

잠깐 말을 멈추었다.

흙을 털고 일어나

칭찬해 주세요!		
잘했어요	훌륭해요	최고예요

13급 또박또박 받아쓰기

불러 주는 문장을 듣고 연습한 내용을 떠올리며
써 보세요.

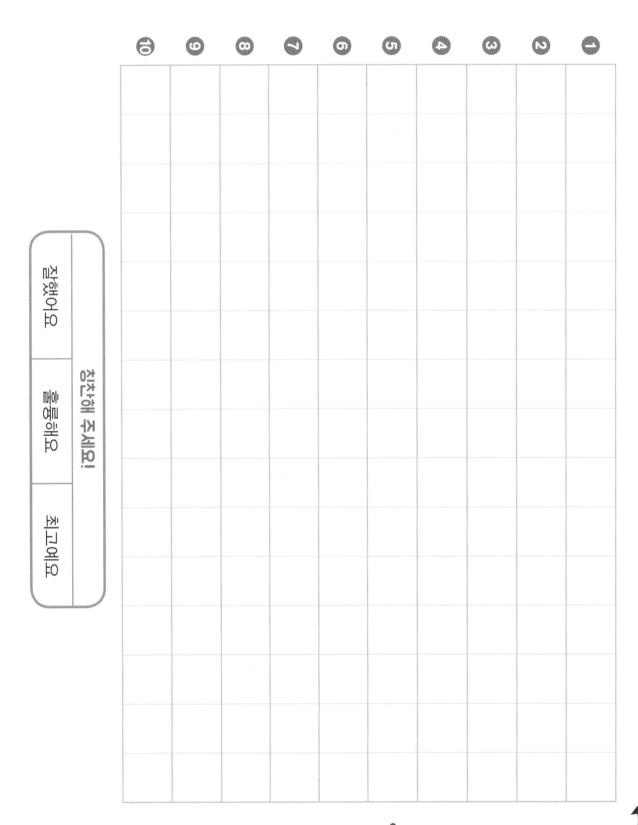

칭찬해 주세요!

잘했어요

훌륭해요

최고예요

돌려서 사용해요!

★ 14급 11단원 상상의 날개를 펴요

① 딸기를	워낙	좋아해서		
② 높이높이	쌓아야	할	정도가	
③ 어쩌면	저렇게	자기	생각만	
④ 왁자지껄한	웃음소리가			
⑤ 창밖을	내다보니			
⑥ 독을	빼앗긴	채	털레털레	
⑦ 시무룩해졌습니다.				
⑧ 손수레에	싣고	밖으로		
⑨ 큰솥을	가득	채운		
⑩ 얼떨결에	수박을	받아		

읽었어요!

①	②	③	④

공부한 날 _____ 월 _____ 일

딸 기 를　워 낙　좋 아 해 서
딸 기 를　워 낙　좋 아 해 서

높 이 높 이　쌓 아 야　할
높 이 높 이　쌓 아 야　할

정 도 가
정 도 가

어 쩌 면　저 렇 게　자 기
어 쩌 면　저 렇 게　자 기

생 각 만
생 각 만

왁자지껄한 웃음소리가

창밖을 내다보니

독을 빼앗긴 채 털레

털레

시무룩해졌습니다.

손 수 레 에　신 고　밖 으 로

손 수 레 에　신 고　밖 으 로

큰 솥 을　가 득　채 운

큰 솥 을　가 득　채 운

얼 떨 결 에　수 박 을　받 아

얼 떨 결 에　수 박 을　받 아

불러 주는 문장을 듣고 연습한 내용을 떠올리며
써 보세요.

칭찬해 주세요!

잘했어요	훌륭해요	최고예요

불러 주는 문장을 듣고 연습한 내용을 떠올리며
써 보세요.

⑩	⑨	⑧	⑦	⑥	⑤	④	③	②	①

칭찬해 주세요!

잘했어요	훌륭해요	최고예요

돌려서 사용해요!

★ 15급 11단원 상상의 날개를 펴요

❶	동물들은	바닥에	앉혔어요.	
❷	무슨	꿈을	꾸는지	
❸	실을	붙들어	맸어요.	
❹	컹컹	울부짖었어요.		
❺	마침내	이가	쑥	뽑혀 나와
❻	선생님이	호되게	말했어요.	
❼	몇	분	동안	그대로
❽	딱	질색이었거든요.		
❾	이가	단단히	들러붙어서	
❿	꼼짝도	하지	않았어요!	

읽었어요!

①	②	③	④

공부한 날 _____ 월 _____ 일

동물들은　바닥에　앉혔

어요.

무슨　꿈을　꾸는지

실을　붙들어　맸어요.

컹컹　울부짖었어요.

마침내 이가 쑥 뽑혀

나와

선생님이 호되게 말했

어요.

몇 분 동안 그대로

딱 질색이었거든요.

이가 단단히 들러붙어

서

꼼짝도 하지 않았어요!

잘 듣고 받아쓰기

불러 주는 문장을 듣고 연습한 내용을 떠올리며 써 보세요.

칭찬해 주세요!		
잘했어요	훌륭해요	최고예요

15급 또박또박 받아쓰기

불러 주는 문장을 듣고 연습한 내용을 떠올리며 써 보세요.

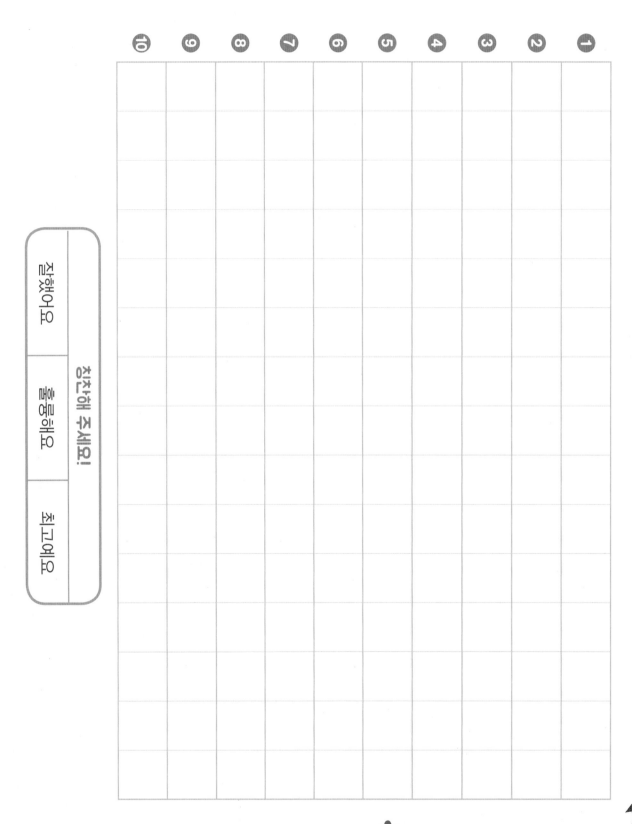

참 잘했어요!

①	②	③	④	⑤	⑥	⑦	⑧	⑨	⑩

참 잘했어요!

잘했어요	훌륭해요	최고예요

 돌려서 사용해요!